KB210533

아나뱁티스트 신앙의 비전
The Anabaptist Vision

헤롤드 벤더
김복기 옮김

아나뱁티스트 신앙의 비전

지은이	헤롤드 벤더
옮긴이	김복기
초판발행	2023년 12월 25일

펴낸이	배용하
책임편집	배용하
등록	제364-2008-000013호
펴낸곳	도서출판 대장간
	www.daejanggan.org
등록한곳	충청남도 논산시 가야곡면 매죽헌로1176번길 8-54
대표전화	(041) 742-1424 전송 (0303) 0959-1424

분류	기독교	신앙	아나뱁티스트
ISBN	978-89-7071-640-4 03230

 값 8,000원

아나뱁티스트 신앙의 비전[1]

"그것이 로마 가톨릭 국가의 정부와 교회였든, 프
로테스탄트 국가의 정부와 교회였든, 권력을 가
진 사람들의 손에 심판을 받았던 아나뱁티스트 신
앙 운동은 기독교 역사상 가장 비극적인 운동 중
하나였다. 그러나 비난조의 별명을 가졌던 사람들
의 역사적 원리원칙으로 판단한다면, 이 운동이야
말로 진리를 좇아 살고자 하는 인류 역사 속의 종
교적 싸움 중 가장 의미심장하고 중요한 사건이요
운동임에 틀림없을 것이다. 이 논문은 아나뱁티스

---

1) 1943년 12월의 미국교회사협회(the American Society of Church His-
tory) 회장의 연설임. ≪교회사 Church History (1944년 3월) 13:3∼24
와 메노나이트 계간지 Mennonite Quarterly Review(1944년 4월) 18:
67∼88에 실린 내용 중 본문과 각주를 약간 수정해서 다시 실은
것임.

트 신앙 운동 초기부터 얻어진 것을 한데 모은 것
으로, 여기저기서 생겨나는 모든 비순응주의 교파
를 형성하는 영적인 토양이며, 새로운 형태의 기
독교 사회를 원하는 현대 세계의 역사 속에서 특히
미국과 영국이 서서히 중요성을 깨닫게 된 운동에
대한 최초의 공식 발표이기도 하다. 이 새로운 형
태의 기독교 사회는 절대 자유와 절대 독립의 종교
사회로서, 모든 사람이 각기 중요성을 인정받으며
교회와 국가를 형성하는 데 자신의 몫을 충분히
감당하는 상태를 말한다."

영어로 작성된 글 중 위에 기록된 루퍼스 존스Ru-
fus M. Jones 2의 논문은 아나뱁티스트 신앙 운동의 특

---

2) 루퍼스 존스(Rufus M. Jones),『신비주의 종교에 대한 연구 *Studies
in Mystical Religion*』(London, 1909) 369. 하이델베르크의 월터 쾰러
(Walter Köhler) 교수도 "아나뱁티스트 신앙 운동의 역사적 중요
성은 인내와 용기, 책임에 대한 신실함, 성실함을 추구하는 문
화로 말미암아 사라지지 않았다. ……조금도 과장됨이 없이 설
명하자면 메노나이트들은 신앙과 양심의 자유를 갖게 한 믿음

성과 이 운동이 어떻게 우리 현대 기독교 문화에 공
헌하였는가를 가장 잘 표현해 놓은 것이다. 약 50년
전 이러한 글을 쓴다는 것은 굉장한 용기가 필요한
것이었는데, 이 글 이래로 한 세대가 넘도록 아나뱁
티스트 신앙 운동에 대한 조사 연구가 진행됨으로써
이러한 글의 진실성이 충분히 입증되었다.**3** 미국 개

의 선조들로서 세계 역사 속에서 자신들의 입장을 고수하고 있
다."고 하였다.

3) 이러한 연구 결과들은 크리스천 헤게(Christian Hege)와 크리
스천 네프(Christian Neff)가 1913년에 편찬한 『메노나이트 사전
Mennonitisches Lexikon』(Frankfurt a. M. and Weierhof, Germany, 1913 ff.)
에 잘 나타나 있다. 당시 이들은 'N' 항목을 완성했고, 제2차 세
계대전 이후부터는 에른스트 크라우스(Ernst Crous)와 헤롤드
벤더(Harold S. Bender)에 의해 'R' 항목이 진행 중에 있다.(독자
들은 이 글이 1943년에 발표된 것임을 기억할 필요가 있다.—
역자 주) 에른스트 코렐(Ernst Correll), 『스위스 세례 메노나이트
운동: 사회학적 보고 *Das Schweizerische Täufermennonitentum: Ein
Soziologischer Bericht*』(Tübingen, 1925); 『메노나이트 계간지 *The
Mennonite Quarterly Review*』(Goshen, 1927 ff.); 『메노나이트 역사
에 대한 기록 *Mennonitische Geschichtsblätter*』(Weierhof, 1936 ff.); R. J.
Smithson, 『아나뱁티스트 신자들과 우리 개신교 역사에 끼친 그
들의 공헌 *The Anabaptists, Their Contribution to Our Protestant Heritage*』
(London, 1935); John Horsch, 『유럽의 메노나이트 *Mennonites in Eu-
rope*』(Scottdale, 1942); D. Henry Smith, 『메노나이트 이야기 *The Story
of the Mennonites*』(Berne, Indiana, 1941), third edition, C. Krahn (Newton,

신교의 기본이 되고 있으며, 민주주의의 본질을 이루는 양심의 자유, 교회와 국가의 분리, 종교 선택의 자유라는 위대한 원칙들이 궁극적으로 종교개혁 시기의 아나뱁티스트 신앙 운동에 그 기원을 두고 있다는 것에 대해서는 별다른 이견이 없다. 아나뱁티스트 신자들은 이러한 원칙들을 처음으로 분명히 선언한 사람들이며, 이를 실행에 옮기도록 기독교계를 향해 도

1950)에 의해 증보됨 ; L. von Muralt, 『종교개혁 기간 동안 스위스 아나뱁티스트 신앙 운동의 신념과 가르침 *Glaube und Lekce der Schweizerschen Wiedertäufer in der Reformationszeit*』(Zürich, 1938). 빌헬름 파우크(Wilhelm Pauck) 의 『지난 20년 동안 독일 개혁의 사료 편찬집 4권에 실려 있는 아나뱁티스트 신자들의 역사에 관한 연구 *The Historiography of the German Reformation During the Past Twenty Years IV, Research in the History of the Anabaptist*s』도 참조할 것. 『교회 역사 *Church History*』(December 1940) 9 : 335~361 ; 헤롤드 벤더(Harold S. Bender)의 『아나뱁티스트 역사에 관한 최근 연구 동향 *Recent progress in Research in Anabaptist History*』, 『메노나이트 계간지 *MQR*』(January 1934) 8 : 3~17. 『아나뱁티스트 역사의 시작에 대하여 *Quellen zur Geschichte der Wiedertäufer*』(Leipzig, 1930 ff.), three volumes ; L. von Muralt and W. Schmid, 『스위스 침례교 역사의 시작에 대하여 *Quellen zur Geschichte der Täufer in der Schweiz*』(첫 권은 취리히에서 출판되었다.1952) ; 『침례교 역사의 시작에 대하여 *Quellen zur Geschichte der Täufer*』(침례교 역사편찬위원회의 후원 하에 출판이 진행되고 있음.)

전한 최초의 사람들이었다. 이 운동이 생겨난 이래로 여러 세기를 거치면서 이러한 노선은 쇠퇴의 길을 걷게 되어 항상 명확한 모습을 보인 것은 아니며, 다른 중도적 운동과 그룹을 통해 모습이 드러나기도 했다. 그러나 기독교가 원래 아나뱁티스트 신앙 운동으로부터 은혜 입었다는 것은 의문의 여지가 없다.

16세기의 개혁가들은 아나뱁티스트 신앙이 표방하고 있는 이러한 모든 입장을 잘 이해하고 있었음에도 불구하고, 오히려 의도적으로 아나뱁티스트 신자들을 배격하였다. 이러한 일의 증인은 취리히에서 츠빙글리를 계승한 하인리히 불링거Heinrich Bullinger다. 하인리히 불링거는 스위스 아나뱁티스트 신자들의 처음 50년간의 역사를 기록했으며, 1531년과 1561년 두 차례에 걸쳐 아나뱁티스트 신자에 관한 광범위한 논문을 출판할 만큼 아나뱁티스트 신자를 잘 알고 있던 사람이었다.

불링거는 스위스 형제단Swiss Brethren이 다음과 같은 내용을 가르쳤다고 기록하고 있다.

"누구든지 믿음을 받아들이도록 다른 사람을 강요하거나 힘을 행사할 수 없고 행사해서도 안 된다. 이는 믿음이 하나님께서 자의로 주시는 선물이기 때문이다. 믿음을 받아들이도록 하기 위해 강요하거나 힘을 행사하는 것, 혹은 어떤 사람의 신앙이 잘못되었다고 해서 그 사람을 죽음에 처하도록 하는 것은 잘못된 것이다. 어떤 형태든지 간에 교회에서 하나님의 말씀 대신 무력을 사용하는 것은 잘못된 것이다. 세상에 속한 나라는 교회로부터 분리되어야 하며, 세상에 속한 어느 통치자도 교회에서 권위를 행사해서는 안 된다. 주님께서는 단지 복음을 전하라고 명령하셨지, 힘으로 복음을 받아들이도록 강요하지 않으셨다. 진정한 그리스도의 교회는 고난을 받고 박해를 견뎌나가는 특징을 갖고 있을 뿐, 그 누구도 박해하지 않는다."**4**

불링거가 스위스 형제단에 대한 내용을 보고한 이유는 이들의 신앙을 칭찬하기 위한 것이 아니라, 이들을 더욱더 강하게 억압할 필요가 있다는 비난의 차원이었다. 그는 아나뱁티스트 신자들의 가르침을 조목조목 논박했으며, 그들을 사형에 처해야 하며, 그것이 칭찬받을 만한 일이라고 단언하면서 글을 맺고 있다.

그러나 종교적 자유를 발전시키는 데 기여한 아나뱁티스트 신자들의 공헌이 너무나 컸기 때문에, 불링거의 이러한 생각은 그를 지치게 만들었을 뿐만 아니라 실제로 아나뱁티스트 신앙 운동의 본질조차 제대로 파악하지 못하게 만들었다. 글의 끝부분에서 밝히고 있듯이 그에게 종교의 자유란 단순히 형식적인 관

---

4) 불링거의 『아나뱁티스트 신앙 운동의 기원 *Der Wiedertäufferen Ursprung, etc.*』(Zürich, 1560)을 번역한 존 홀쉬(John Horsch)의 『유럽 메노나이트 *Mennonites in Europe*』(325)에서 인용했음.

념이자, 내용이 없는 무익한 것에 불과했다. 따라서 믿음과 그 믿음을 지키고자 하는 사람들의 생활 방식에 대해 아무런 할 말이 없게 되었을 뿐 아니라, 그들의 목표나 행동 계획이 무의미하다고 생각했다. 그러나 아나뱁티스트 신앙 운동은 목표뿐만 아니라 행동 계획의 범위와 영향력 또한 분명하였다. 사실 이 그룹에 대해 더 잘 알게 된 사람일수록, 역사 속에서 그들이 걸어가야 할 곳이 어디인지 알게 해주는 거대한 비전에 대해 더 분명한 의식을 갖게 되었고, 이를 위해 자기 목숨까지도 기꺼이 내놓을 수 있게 되었다.

이러한 비전이 무엇인지 상세히 설명하기에 앞서, 16세기의 기독교 대중이 무엇에 관심을 두었는지 언급하는 것이 좋겠다. 취리히에서 운동이 시작된 지 7년이 조금 안 되었던 1531년, 세바스찬 프랭크Sebastian Franck는 아나뱁티스트 신앙 운동을 반대했던 사람으로서 다음과 같은 글을 남겼다.

"아나뱁티스트 신자가 급속히 늘어나고 있는 것을 볼 때, 그들의 가르침이 곧 이 나라를 뒤덮을 것 같다. 그들은 아주 빠르게 많은 사람의 마음을 사로잡았고, 하나님을 향한 열정에 가득 찬 사람 수천 명에게 세례를 주었다. 이들은 아주 신실한 사람들이다.··· 비록 이런 두려움이 전혀 정당화될 수 없는 것임을 알고 있지만, 그들의 숫자는 너무나 빠르게 늘어나고 있고, 온 세상은 그들 때문에 동요가 일어날까봐 두려워하고 있다."[5]

같은 해에 불링거는 "사람들은 마치 아나뱁티스트 신자가 성인이나 되는 것처럼 그들을 따르고 있다"[6]고 기록했다. 다른 동시대 작가 또한 "아나뱁티

---

5) 홀쉬 (Horsch), 세바스찬 프랭크의 『연대기, 일기 및 주석 성경, Sebastian *Franck's Chronica, Zeytbuch und Geschychtbibel*』293 (Strasbourg, 1531).

6) 하인리히 불링거(Heinrich Bullinger), 『자칭 아나뱁티스트 신자들의 뻔뻔스런 난폭성에 관하여 *Von dem unverschampten fräfel... der selvgsandten Widertoufſern*』(Züurich, 1531), folio 2v.

스트 신앙 운동은 너무나 빨리 번지기 때문에 보통 사람 상당수가 이 운동에 합류하고 있으며, 사람들은 이를 두려워하고 있다"[7]라는 말로 이러한 현상을 확증했다. 츠빙글리도 이 운동의 영향력에 놀라 이 운동을 저지하려고 노력했는데, 가톨릭 정부가 아나뱁티스트 신자들과 충돌하는 모습을 보며 '어린아이들이 장난'하는 수준이라고 불평할 정도였다.[8]

1527년부터 1560년에 이르기까지 스위스, 남부 독일 및 튀링겐Thuringia 지역뿐만 아니라 베네룩스 지역의 여러 나라Low Counries와 오스트리아 전역에서 가해졌던 아나뱁티스트 신앙 운동에 대한 끔찍한 박해는 이 운동의 영향력이 얼마나 컸으며, 더 확산되어 시기를 놓치기 전에 억압하기 위해 가톨릭, 루터, 츠빙글

---

7) F. 로스(Roth), 『옥스버그개혁사 Augsburgs Reformation – sgeschichte』 (Munich, 1901) 2:230.
8) 츠빙글리가 1525년 3월 28일 『바디안에게 보낸 편지 Letter of Zwingli to Vadian』(May 28, 1525); 에글리, 핀슬러, 쾰러(Egli, Finsler, Köhler) 등 편집, 『홀드리히 츠빙글리의 업적 Huldreich Zwinglis Sämtliche Werk』(Leipzig, 19140 7:332.)

리 당국이 얼마나 급박하고 절실했는가를 증명한다. 1529년에 스파이어 의회the Diet of Spires, 이 의회는 전도의 자유를 제한하는 규정을 명시한 같은 의회였다에서 아주 끔찍한 칙령을 내렸는데, 이 칙령은 모든 아나뱁티스트 신자를 재판 없이 사형에 처하도록 언도한다. 칙령은 "모든 아나뱁티스트 신자와 재세례를 베푼 사람은 남녀를 불문하고 화형, 참수형, 혹은 가능한 모든 방법으로 처형하도록 명한다"고 기록하고 있다.9 황실의 주재로 여러 차례 반복해서 열린 의회에서 만든 이러

---

9) 이 칙령의 전문은『신성 로마제국의 결정과 법전에 의해 개최된 모든 집회에 관한 기록 *Aller des Heiligen Römischen Reichs gehaltene Reichstage, Abschiede und Satzungen*』(Mainz, 1666) 210, 211에 정리되어 있다. 같은 내용이 Fudiwig Keller가 편집한 *Monatschefte der Comenius Gesellschaft* (Berlin, 1900), 9:55~57과 Bossert의『뷔템베르그 지역 아나뱁티스트 신앙운동 역사의 시작 *Quellen zur Geschichte der Wiedertäufer, I. Band Herzogtum Württemberg*』(Leipzig, 930), 1~10과『아나뱁티스트 신자를 위한 국가법령 *Die Reichsgesetze über die Wiedertäufer*』에도 기록되어 있다. 존 홀쉬(John Horsch)에 의해 기록된 아나뱁티스트 신자의 박해에 관한 훌륭한 자료인『복음주의적 아나뱁티스트 신자에게 가해진 박해 The Persecution of the Evangelical Anabaptist』, *MQR* (January 1938) 12:3~26 라는 제목의 글을 참고할 것.

한 칙령은 점점 더 강화되었고, 1551년 말에 있었던 옥스버그 의회the Diet of Augsburg는 아나뱁티스트 신자에게 사형 언도를 내리는 데 양심의 가책을 느껴 처형을 주저했던 재판관과 배심원의 공직을 박탈하고, 엄청난 세금과 구금형을 내리라는 칙령을 발표했다.

정부당국은 아나뱁티스트 신자가 피로써 자기 믿음을 기쁘게 봉인하려고 고문뿐 아니라 죽음조차 두려워하지 않는다는 것을 알게 되면서 이들을 진압하고자 만든 프로그램을 시행하는 데 상당한 어려움을 겪었다. 실제로 아나뱁티스트 신자들이 순교를 당하면서 보여주었던 기쁨에 찬 간증은 도대체 무슨 능력이 이러한 것을 가능하게 하는가에 대한 일반 대중의 상상력을 자극하였고, 새로운 신자가 더 많이 생겨났다.

정부 당국은 관례에 따라 이들 개인을 재판하고 선고를 내리는 것이 이 운동의 흐름을 저지하는 방법으로는 아주 부적절하다는 사실을 알아차리게 되었다. 그래서 아나뱁티스트 신자를 샅샅이 수색하여 보이는 즉시 재판과 선고 과정 없이 즉시 죽일 수 있도록 사형집행관과 기마병을 무장시켜 나라 전역으로 보냈다. 이러한 정책 중 가장 잔학한 처형이 스바비아Swabia에서 발생했는데, 이는 1528년 약 400명의 특수경찰이 자행한 것이었다. 처음에 경찰 400명을 투입했다가 나중에는 그 규모가 1,000여 명에까지 이르렀다. 스바비아 및 다른 여러 지역에서 이 피비린내 나는 처형을 담당했던 군 최고사령관 베르트홀드 아이첼Berthold Aichele은 이들을 죽이면서 느낀 공포와 경악 때문에 결국 스스로 무너졌고, 특히 브릭센Brixen 지역에서 처형할 때는 두 손을 하늘에 치켜들고 다시는 아나뱁티스트 신자를 처형하지 않겠노라고 맹세하기까지 했다.[10] 그는 자신의 맹세를 지켰다.

팔라티네이트Palatinate의 알제이 지역The Count of

---

10) 루돌프 볼칸(Rudolf Wolkan)이 편집한 『후터라이트 형제단의 역사책*Geschicht-Buch der Hutterischen Brüder*』, (Macleod, Alberta, and Vienna, 1923) 142, 181.

Alzey에서는 약 340명의 아나뱁티스트 신자가 처형을 당했는데, "내가 사람들을 죽이면 죽일수록 점점 더 많은 사람이 생겨나니 도대체 나는 어떻게 한단 말인가!" 하는 외침이 여기저기에서 들렸다고 한다.

아나뱁티스트 신자에 대한 끔찍한 박해와 그들의 순교는 단순히 이 운동이 얼마나 컸는지뿐만 아니라, 사람들 안에서 일어난 불타는 비전이 얼마나 열정적이었는지를 증명해 주는 것이었다. 이러한 사실은 1542년 감동적인 이야기로 기록되었으며, 신앙을 지키기 위해 자기 생명을 아끼지 않았던 2,173명의 형제자매에 관한 상세한 이야기가 『후터라이트 형제단의 역사책』에 기록되어 있다.[11]

"하나님을 열정적으로 사랑하는 사람들의 마음을 빼앗아 갈 사람은 그 어디에도 없었다. 그들 안에

---

11) 같은 책, 182~187쪽. 다음의 인용은 원래의 순서와 상관없이 186~187쪽에서 주로 발췌한 것이다.

는 하나님의 불이 이글거리고 있었다. 그들은 가장 잔인한 방법으로 죽임을 당해도, 그들이 붙들고 있는 하나님의 진리를 버리기보다는 차라리 열 번이라도 죽을 각오가 되어 있었다.…"

"그들은 하나님의 성소로부터 흘러나오는 물을 마시고 있었다. 그 물은 진정 생명의 물이었다. 그들은 자기 십자가를 충분히 짊어질 수 있도록 하나님께서 도우시며, 죽음의 쓴 맛까지도 극복하도록 도우신다는 사실을 깨닫고 있었다. 그들 안에는 하나님의 불이 이글거리고 있었다. 그들이 붙들고 있는 장막은 이 땅 위에 서 있는 장막이 아니라 영원에, 그들의 기초요 확신인 믿음에 뿌리를 두고 있었다. 그들의 신앙은 백합처럼 피어났고, 그들의 충성은 장미와 같았고, 그들의 경건함과 신실함은 마치 하나님의 뜰에 피어 솟아오르는 꽃과 같았다. 그들이 쓰고 있는 구원의 투구가 벗겨

지지 않도록 여호와의 천사가 그들을 위해 전쟁을 하고 있었다. 그러므로 그들은 모든 고문과 죽음의 고통을 아무런 두려움 없이 견뎌나갔다. 보다 더 위대한 확신과 그들의 거룩한 마음으로 볼 때, 이 세상에서 일어나는 모든 일은 단지 그림자에 지나지 않았다. 그들은 하나님께 인도받고 있었기 때문에 하나님 외에는 아무것도 몰랐고, 아무것도 추구하지 않았고, 아무것도 원하는 것이 없었고, 아무것도 사랑할 것이 없었다. 그러므로 그들은 자기를 고문하는 사람들보다도 더 꿋꿋한 모습으로 인내할 수 있었다."

"… 이들을 고문하고 죽이던 박해자들은 하나님의 불을 끌 수 있다고 생각했다. 그러나 오히려 옥에 갇힌 이들이 찬송을 부르고 기뻐하자 밖에 있던 이들은 공포에 떨게 되었고 이들을 어떻게 다루어야 할지 알 수가 없게 되었다.…"

"많은 사람이 밤낮을 가리지 않고 이들의 기적적인 모습을 이야기하게 되었다. 그들은 아주 교활한 방법, 수도사, 사제 및 신학박사를 동원한 아주 엄청난 감언이설, 거짓 증거와 갖은 위협, 꾸지람, 속임수, 거짓말과 형제들에 대한 비방의 말을 동원하여 이들과 논쟁을 벌였다. 그러나 아무런 결실도 맺지 못했다.…"

아나뱁티스트 신자의 영성에 대한 이러한 해석은 이들 속에서 강렬하게 불타오르는 실제 모습을 충분히 전달하기에는 아쉬운 점이 있다. 그러나 독일의 문호 괴테에 버금가는 스위스의 문호 고트프리드 켈러Gottfried Keller가 아나뱁티스트 신자들의 역사적인 삶을 근거로 1878년 유명한 역사 소설『얼슐라Ursula』를 출판하였는데, 소설의 서론에 등장하는 설명은 이 운동의 역사적 정황을 훨씬 더 실제에 가깝게 묘사한다.

"종교적 변화의 시기는 마치 산이 생겨나는 시대와 비슷하다고 할 수 있다. 이는 사람들의 영혼이 그 모습을 드러내며, 위대한 용들, 매력적인 존재들, 아름답고 깨끗한 정신과 같은 온갖 놀라운 창조물들뿐만 아니라, 증오스런 해충, 징그러운 쥐떼들, 각종 벌레들이 들끓는 모습 등 온갖 끔찍한 인간성 또한 그대로 드러나는 시대였기 때문이다. 말하자면 스위스 북부 지역에서 일어났던 종교개혁의 시기가 바로 이러한 변화의 시기였다."[12]

아나뱁티스트 신앙의 비전The Anabaptist Vision이 무엇인지 정의하기에 앞서, '아나뱁티스트 신자Anabaptists'란 용어의 의미를 좀 더 분명히 정의해야 한다. 이

---

12) 마쯔 누셈버거(Maz Nussberger)가 편집한 『고트프리드 켈러의 작품 Gottfried Keller's Werke』(Leipzig) 6:309. 엘리자베스 홀쉬 벤더 (Elizabeth Horsch Bender)의 『고트프리드 켈러의 「얼슐라」에 나타난 스위스 아나뱁티스트 신자들의 초상화 The Portrayal of the Swiss Anabaptists in Gottfried Keller's Ursula』, MQR (July 1943) 17:136~150을 참고할 것.

는 현대 사료편집에서 사용하는 '아나뱁티스트 신자'란 용어가 종교개혁의 여러 그룹을 폭넓게 지칭하는 것으로, '종교개혁의 좌파left wing of the Reformation, Ronald Bainton'를 총칭하거나, '종교개혁의 볼셰비키the Bolsheviks of the Reformation, Preserved Smith'로 여겨지기 때문이다. 비록 아나뱁티스트 신앙 운동의 분명한 역사가 아직까지 제대로 기술되지는 못했지만, 우리는 처음 시작된 복음주의적 아나뱁티스트 신앙 운동과 추후에 부정적으로 구성된 아나뱁티스트 신앙 운동 사이의 경계선이 어디쯤 위치하는지는 충분히 알고 있다. 어떤 면에서 이 운동은 1525년 스위스 취리히의 츠빙글리 운동 한복판에서 시작되었고, 1533년 네덜란드 지역에서 틀을 갖춘 후, 잠시 신비주의적, 영적, 혁명적 혹은 더 나아가 도덕폐기론과 관련한 그룹이라는 다양한 모습을 보였다. 다른 한편으로는 당시 엄청난 혁신을 몰고 온 여러 분야의 결과로 나타나고 이해되기도 하였다. 아나뱁티스트 신앙 운동에 대한 적절한 이해로서 처음 시작한 복음주의적 아나뱁티스트 신앙 운동은 16세기 내내 스위스, 남부 독일, 오스트리아 및 홀란트에서 흐트러진 모습 없이 진행되었으며, 현재의 메노나이트 운동으로 줄곧 이어져 유럽과 아메리카 대륙에 약 500,000명의 아나뱁티스트 신자를 형성하기에 이르렀다.[13] 이러한 신실한 아나뱁티스트 신앙 운동의 독특성을 이해하는 데 있어서 더 이상 토마스 뮌처Thomas Müntzer와 농민전쟁the Peasants War, 뮌스터 Münsterites 혹은 정도를 벗어난 그 어떤 모습의 종교 개혁 운동도 용인할 수 없다.

---

13) 스위스에서 이 그룹은 '스위스 형제단(Swiss Brethren)', 오스트리아에서는 '후터라이트(Hutterites)', 홀란트와 북부 독일에서는 '메니스트(Menists)'라고 불렸다. 특히 비극적인 뮌스터(Münster, 1534~1535) 사건이 발생한 후 처벌을 받아야 마땅한 이단이라는 치욕적인 이름으로 '아나뱁티스트 신자들'이라는 용어가 사용되었는데 이 모든 그룹들은 뮌스터 사건이 아나뱁티스트 신앙 운동으로 불리는 것을 적극 반대했다. 내가 이곳에서 '아나뱁티스트 신자'라는 용어를 사용하는 것은 단지 그동안 우리가 습관적으로 칭하던 것을 따랐을 뿐이다. '메노나이트(Mennonite)'라는 용어는 17세기부터 폭넓게 사용되었으며, 후터라이트를 제외한 모든 그룹을 지칭하게 되었다. (2007년 현재 1,500,000명으로 집계됨 – 역자주)

그러나 아나뱁티스트 신앙 운동을 지지하고 감사하는 사람들조차 이에 대한 다양한 해석을 내리고 있는 실정이므로, 제대로 된 정보가 부족하여 무엇이 아나뱁티스트 신앙의 비전인지 올바로 보지 못하는 학생이나 문외한들의 오해와 실수는 충분히 감안해야 할 것이다. 아나뱁티스트 신앙 운동을 '현대 사회주의의 선구자' 혹은 '중세 공산주의의 절정을 이룬 모습'으로 보고, 종교적 틀을 가진 계급운동으로 이해했던 카우츠키Kautsky와 같은 사회학자를 이러한 예로 들 수 있다.[14] 교단의 시작을 사회적인 관점으로 연구했던 리처드 니버의 접근방법을 사용하여 그들

---

14) 에른스트 코렐(Ernst H. Correll), 『스위스 메노나이트 아나뱁티스트 신앙 운동 *Das Schweizerische Täufermennonitentum*』(Tübingen, 1925), 『일반 역사 · 사회적 특성 *Allgemeine Historisch-soziologische Kennzeichnung*』3~10은 이러한 것을 간결하게 정리해준 아주 훌륭한 조사보고서다. 칼 카우츠키(Karl Kautsky)의 『종교개혁 시대의 유럽의 공산주의 Communism in Central Europe in the Time of the Reformation』(1897)를 참고할 것. 트뢸치(Troeltsch)는 아나뱁티스트 신자의 사회 · 경제학적 기원에 대한 이론을 반대하였다.

자신의 사회·경제학적 결정론을 고집하는 사회학자
들도 있었다. 아나뱁티스트 신앙 운동을 중세 프란시
스칸medival Franciscan의 아류인 금욕적 수도원의 연속
으로 보거나 17세기의 경건주의와 같은 노선으로 보
았던 알브레히트 리첼Albrecht Ritschl도 있었다.15 그리
고 아나뱁티스트 신앙 운동이 종교개혁 이전의 왈덴
시안 및 이와 비슷한 그룹이 변하여 생긴 것이며, 이
들을 '최초의 복음주의 형제들'이라고 보았던 루드빅
켈러Ludwig Keller도 간과할 수 없다.16 왈덴시안, 보고
마일Bogomiles, 카타리Cathari, 바울주의자Paulicians, 도나
티스트Donatists를 거쳐 오순절에 이르기까지, 즉 사도
적 계승 선상에서 사라졌던 참된 교회의 모습이 아나

---

15) 알브레히트 리첼(Albrecht Ritschl), 『경건주의의 역사 Geschichte
   des Pietismus』(Bonn, 1880), Cf. R. Friedmann, 『아나뱁티스트 신자
   들의 발단Conception of the Anabaptists』, 『Church History』(December
   1940) 9:351.
16) 루드빅 켈러(Ludwig Keller), 『종교개혁과 초기의 개혁운동 Die
   Reformation und die älteren Reformparteien』(Leipzig, 1885. 프리드만
   (Friedmann)의 책 352페이지도 참조할 것.

뱁티스트 신자들을 통해 발견되었다고 기뻐했던 초기 침례교 역사학자들과 어떤 메노나이트들은 켈러와 연관된다. 좀 더 최근의 일로, 아나뱁티스트 신자를 신비주의로 분류하고 싶어 했던 루퍼스 존스Rufus M. Jones와 아나뱁티스트 신앙 운동의 근원을 에라스무스의 인문주의에서 찾았던 월터 쾰러Walther Köhler도 아나뱁티스트 신앙 운동을 제대로 이해하지 못한 사람들에서 제외할 수 없다.

그러나 이 분야에서 좀 더 쉽게 받아들일 만한 독보적인 또 다른 해석이 있는데, 그것은 아나뱁티스트 신앙 운동이야말로 종교개혁의 정점이요, 루터와 츠빙글리가 처음에 가졌던 비전을 성취한 것이라고 보는 관점이다. 그러므로 아나뱁티스트 신앙 운동이야말로 원래 그리스도와 제자들이 품었던 신약 교회의 비전으로서 그 무엇과도 타협하지 않고 생각과 행동을 일치시킨 복음주의적 프로테스탄티즘이라고 보아야 한다는 관점이다. 이러한 해석의 경향은 1848

년 막스 괴벨Max Göbel의 '라인강 서쪽 지역의 교회 역사Geschichte des christlichen Lebens in der rheinisch-westfälischen ...kirche'라는 유명한 논문과 함께 시작되어, 코넬리우스의 "뮌스터 폭동의 역사 'Geschichte des Münstischen Aufruhrs', 1855~1860"로 이어졌고, 요한 로서드Johann Loserth, 칼 램버트Karl Rembert, 존 홀쉬John Horsch로 이어졌으며, 워싱턴의 에른스트 코렐Ernst Correll과 취리히의 프리츠 브랑케Fritz Blanke로 전수되었다. 다음의 글은 괴벨 Göbel의 책에서 인용한 것으로, 이러한 해석의 경향을 잘 드러내고 있다.

"본질적이며 눈에 띄는 이러한 교회의 특징이 있다면, 성령하나님을 통한 개인적 회심과 모든 기독교인의 갱생을 크게 강조하고 있다는 점이다. … 그들은 교회에 속한 각 기독교인이 그들의 생활과 마음 중심 속에 기독교 교리와 신앙을 올바로 깨닫고 실천하는 것에 모든 강조점을 두고 있다. 그들의 목표는 썩어 문드러져가는 국가 교회로부터 참된 신자를 불러내어 참된 그리스도인의 교회를 명확하게 드러내는 것이었다. 종교개혁이 원래 이루려 했던 것이 바로 아나뱁티스트 신자들이 지체 없이 실현시킨 바로 그 목표였던 것이다."[17]

요한 로서드Johann Loserth는 "교회 개혁을 시도했던 그 어떤 사람과 어떤 그룹보다 급진적이었던 아나뱁티스트 신자들은 1세기의 교회가 걸어갔던 발자취를

---

17) 막스 괴벨(Max Göbel)의 『기독교 교회의 역사 *Geschichte des christlichen Lebens etc.*』(Coblenz, 1848) 1：134. 릿첼(Ritchel)의 이전 책은 괴벨의 관점을 다음과 같이 설명하고 있다: "그러므로 괴벨의 관점에 따르면, 아나뱁티스트 신앙 운동은 더 급진적이고, 더 단호하며, 더 완전한 개혁의 모습을 띠고 있다. 그러나 1522년 이후로부터는 루터에 의해서, 1524년 이후부터는 츠빙글리에 의해 더 이상 종교개혁의 결과로 간주되지 않게 되었다." 릿첼 자신도 아나뱁티스트 신자에 대한 입장을 다음과 같이 정리하고 있다(이전의 책): "아나뱁티스트 신자도 그들이 한 일에 대하여 루터와 츠빙글리가 시작했던 신약 성경의 교회를 회복하고자 한 것 외에는 아무것도 한 일이 없다고 믿고 있다."

따르려고 노력하였으며 더럽혀지지 않은 기독교 원래의 모습으로 새로워지려고 노력하였다"고 기록하고 있다.[18]

이러한 해석을 뒷받침해 주는 증거는 아나뱁티스트 신자 뿐만 아니라 그들을 반대했던 그 시대 사람들이 남겨놓은 수많은 진술서에 당황스러울 정도로 넘쳐난다. 스위스 형제단 운동을 시작한 콘라드 그레벨Conrad Grebel은 1524년 토마스 뮌처Thomas Müntzer에게 보낸 편지를 통해 이러한 관점을 분명하게 설명하였다. 이 편지는 최초의 아나뱁티스트 신앙 운동의 상황을 진술해 주는 문서로서 효력이 있으며, 전체 그룹을 대표하여 작성된 것이다.

"우리의 선조교황을 중심으로 한 로마 가톨릭 교회들이 참 하나님과 예수 그리스도를 아는 지식과 그를 믿는 참 믿음에서 떠났으며, 하나의 참된 교회,

---

18) 홀쉬의 이전 책.(Horsch, op, cit. 289.)

공동의 하나님의 말씀, 하나님의 제도, 기독교의 사랑과 생명에서 떠나 하나님의 법이 없이 살며, 인간적이고, 쓸모없고, 비기독교적인 관습과 예식 안의 복음을 따라 살면서 그 안에서 구원 얻기를 기대해 왔다. 이러한 모든 것은 루터, 츠빙글리를 비롯한 여러 복음적 설교가들이 선포하였고, 여전히 선포되고 있지만 하나님의 기대에는 턱없이 모자랐다. 그 결과 오늘도 여전히 모든 사람이 피상적인 모습의 믿음, 열매 없는 믿음, 검증되지 않은 세례, 사랑도 소망도 없고 올바른 그리스도인의 실천이 없는 구원을 갈망하고 있으며, 개인적인 악행을 행함에 있어 예전의 풍습을 따르고, 세례와 주의 만찬에 있어서까지 통상적인 제식과 반기독교적인 문화와 풍습을 고집하며, 하나님의 말씀을 무시하고, 하나님의 말씀과는 조금도 비슷하지도 않고 도저히 조화를 이룰 수 없는 교황과 반교회적인 설교가들을 존경하고 있다. 인물을 중

시하고 다양한 유혹이 범람하는 모습으로, 세상이 시작된 이래로 전혀 볼 수 없었던 치명적인 실수가 점점 더 천박한 모습으로 자행되고 있다. 우리의 모든 죄를 책망하고 꾸짖는 복음 설교가들의 설교를 듣고 읽는다 해도 이러한 실수는 우리 곁을 떠나지 않는다. 그러므로 우리가 성경을 손에 집어 들고, 성경을 통해 모든 부분을 살펴본 후에, 목자들이 무슨 크고 유해한 잘못을 저질렀는지, 우리가 무슨 잘못을 저질렀는지 발견해야한다. 다시 말해 우리가 신실한 삶을 파괴하는 모든 것과 인간적 죄악으로부터 헤어 나오도록, 참 믿음과 신실한 하나님의 교훈을 이루도록, 끊임없는 탄식으로 매일 하나님께 간절히 구하지 않았다는 사실을 발견하고 지적받아야 한다.[19]

---

19) 1524년 9월 5일 콘라드 그레벨이 토마스 뮌처에게 보낸 편지. H. Böhmer and P. Kirn 편집 『*Thomas Müntzers briefwechsel*』(Leipzig, 1931) 92: 영어 번역은 "취리히 아나뱁티스트 신자들과 토마스 뮌처(Thomas Müntzer)"라는 제목으로 월터 로이센부쉬(Walter Reuschenbusch)가 했으며, 『*American Journal of Theology*』(January

박해가 시작된 지 14년 뒤인 1538년에 한 아나뱁티스트 신앙 운동의 리더가 이와 비슷한 문서를 만들었는데, 그는 개혁교회the Reformed Church의 리더를 대상으로 베른Berne에서 개최된 대토론에 그룹 대표로 참석한 사람이었다.

"국가교회 안에서 시행되고 있는 미사와 다른 주교들이 주관하는 예식이 모두 헛된 것이라고 밝히고 있는 루터, 츠빙글리 및 다른 사람들의 글에서 우리는 아주 많은 교훈을 얻게 되었다. 그러나 우리는 회개, 회심 및 참된 그리스도인의 생활에 있어서 매우 부족하다는 점을 인정하지 않을 수 없다. 이러한 것 때문에 내 마음은 심히 일그러져 있다. 나는 목사들이 생활을 바꾸도록 요구하는 설교, 가난한 사람에게 베풀라는 설교, 서로 사랑하고 악을 멀리하라는 설교를 해주기를 1년, 2년 동

1905) 9:92에 실렸다.

안 기다리고 희망해 왔다. 그러나 이들이 전하는 교리와 하나님의 말씀에 근거하지 않은 설교들을 나는 차마 눈뜨고 볼 수 없게 되었다. 참된 그리스도인의 삶은 아예 시작도 되지 않았고, 정말로 필요한 것에 대한 말씀을 가르치지도 않았다. 비록 미사와 성상이 폐지되었음에도 참된 회개와 그리스도인의 사랑은 나타나지 않았다. 결국 겉으로 드러나는 것만 변화했다. 그래서 나는 더 많은 요구를 하게 되었다. 하나님께서는 그의 말씀을 전할 심부름꾼들을 보내셨다. 사도들의 가르침과 기독교 생활과 실천에 대한 근본적인 가르침에 대하여 언급하기 시작한 콘라드 그레벨 Conrad Grebel과 다른 사람들을 보내셨다. 나는 그들이야말로 열매를 통해 회개가 무엇인지 보여준 그리스도의 교리에 자기를 완전히 굴복시킨 사람들임을 알게 되었다. 그들의 도움으로 우리는 그리스도의 새로운 생명 안에서 분명하게 회개를 거친 회중을 형성하게 되었다."**20**

　이러한 설명을 통해 볼 때, 아나뱁티스트 신자가 '참된 그리스도인의 삶'에 대한 모든 것, 즉 그리스도의 가르침과 모범example을 그대로 모방해서 사는 인생에 지대한 관심이 있다는 사실은 너무나도 자명하다. 아나뱁티스트 신자는 종교개혁가들의 직업이 무엇이든간에, 그들이 설교하는 참된 회개, 새로운 삶으로의 갱신, 그리스도인의 생활을 충분히 보증하지 못했다고 여겼다. 믿음에 강조점을 둔 종교개혁은 훌륭한 것이었지만 그것으로 충분하지 않았다. 생명에 대한 새로움 없이 그들이 붙들고 있는 믿음은 위선에 불과하기 때문이었다.

　아나뱁티스트 신자의 종교개혁에 대한 이러한 비

---

20)『설교가와 아나뱁티스트 신자 형제 간의 논쟁 기록 *Acta des Gesprächs zwüschenn predicannten und Touffbrüderenn*』(1538)이란 제목의 출판되지 않은 사본. 베른 지역의 주립도서관 고문헌 자료 "Staatsarchiv des Kantons Bern," (Unnütze papiere, Bd. 80)에서 발췌하여 실음. 복사본은 고센 대학 도서관에 소장되어 있음.

판은 신랄했지만 부당한 것은 아니었다. 비록 만인을 위한 '진심어린 기독교'를 찾는 것이 루터와 츠빙글리가 추구했던 원래의 목표였지만, 실제 결과는 너무나도 부족했다. 이는 개신교 신자들의 그리스도인으로서 삶의 수준이 이전 가톨릭 통제하에서의 삶보다 더 못한 모습이었기 때문이다. 이러한 현실을 드러내는 자료는 너무나도 많다. 루터조차도 이러한 결함을 자각하고 예민하게 반응하였다. 1522년 4월, 그는 "기독교인이라는 이름하에 거의 불신자에 가까운 생활을 하는 현재의 우리는 아직도 참 그리스도인 모임을 조직하지 못하였다"[21]며 심정을 토로했다. 1525년 12월에 그는 카스파 슈벤크펠트Caspar Schwenkfeld와 신약교회 설립에 관한 중요한 대화를 나누었다. 슈벤크펠트는 루터가 새로운 교회를 세웠지만 사람들에게 영적으로나 도덕적으로 더 나은 모습을 가져다

---

21) 칼 홀(Karl Holl),『교회 역사 논문집 *Gesammelte Aüfsatze zur Kirch-engeschichte*』(2, 3 판) (Tübingen, 1923), 359.

주지 못했다는 사실을 지적하였고, 루터는 이 사실을 인정하였다. 이에 대해 슈벤크펠트는 "루터는 생활의 변화와 개선이 없는 그들 자신의 명확한 현실을 매우 유감스럽게 여겼다"[22]고 진술하였다.

1522년과 1527년 사이에 루터는 참다운 기독교회를 세우고자 자신의 모든 관심을 기울였고, 복음을 말로만 고백할 것이 아니라 삶 속에서 복음을 고백하는 진정한 그리스도인 "Die mit Ernst Christen sein wollen"을 준비시키기 위한 자신의 열망을 반복적으로 언급하였다. 그는 자기 책에 이러한 '열심 있는 그리스도인'의 이름을 기록해 놓음으로써 명목만 기독교인인 사람들과 이들을 분리시켜 모임을 갖고자 고민하였다.

---

22) 『슈벤크펠트의 논문집 Corpus Schwenckfeldianorum』(Leipzig, 1911) 2:280f. 에케(K. Ecke)의 『스벤크펠트, 루터와 사도적 개혁에 관한 개념 Schwenkfeld, Luther und der Gedanke einer apostolischen Reformation』이란 글도 살펴볼 것 (Berlin, 1911) 101 f. 존 홀쉬(J. Horsch)가 쓴 『개신교 국가교회의 발생 The Rise of State Church Protestantism』이라는 같은 주제의 토론 글도 참고할 것 MQR (July 1932) 6:189~191.

그러나 결국 그러한 사람이 충분하지 않다는 결론
과 함께 이 계획을 포기하였다.**23** 츠빙글리도 같은 문
제에 봉착하였다. 사실 그에게 스위스 형제단the Swiss
Brethren은 신약교회를 세우라는 구체적인 도전이 되었
다. 그러나 그는 이를 거절하고 루터와 같은 과정을
따라갔다.**24**

---

23) "마틴 루터의 업적"이라고 번역된 『루터의 독일 예배의식
Deutsche Messe』이란 글을 참고할 것. (C. M. Jacobs 등 편집. (Phila-
delphia, 1932) 6 : 172, 173.

24) 루터(와 츠빙글리)의 해석에 반대되는 것으로, 이 글은 루터
가 결코 '신실한 그리스도인만' 으로 구성된 교회의 개념을 결
코 완전하게 그리고 지속적으로 채택하지 못했다고 언급하면
서 그에게 책임을 묻고 있다. 그러나 사회적 통제 기구인 '조
직체' 로서 기능하는 모순적인 교회의 개념을 소유하고 있었
던 것 같다. 루터가 한동안 이러한 두 가지 개념을 가지고 있
다가 결국 두 번째 개념의 교회를 선호하여 첫 번째 개념의 교
회를 포기하였다는 견해에 모두 동의하고 있다. 그러나 한동
안 첫 번째 교회의 개념이 우세하게 남아 있었고, 그의 기본적
인 신학적 입장에 전체적으로 이러한 교회의 의미가 암시적
으로 드러나고 있다는 것은 사실이다. 중세주의가 루터의 사
상에 영향을 미치고 있다는 증거는 바로 이 두 번째 개념이 결
과적으로 우위를 점하여 루터에게 남아 있는 것으로 보아 쉽
게 알 수 있다. 빌헬름 하돈(Wilhelm Hadorn)은 츠빙글리에 관
하여 다음과 같이 기록하고 있다. "츠빙글리뿐만 아니라 오콜
람파드(Oecolampad)와 카피토(Capito)를 위시한 다른 스위스와

그러나 아나뱁티스트 신자들은 루터와 츠빙글리의 원래 비전을 유지하고 이를 더욱 확장시켜 구체적인 조직과 형태를 갖췄고, 실제로 경험할 수 있는 모습으로 교회를 계획했다. 이들은 오로지 진정한 그리스도인으로만 구성된 교회를 조직해 나갔고, 실제로 그러한 교회를 위한 사람들을 발견했다. 이들은 하나님의 진리를 적용할 수 있는지 없는지를 결정하는 데 사람의 반응이 중요하다는 생각은 아예 믿지 않았으며, 그 어떤 타협도 받아들이지 않았다. 신약 성경을 어기느니 필요하다면 차라리 지난 1500년간의 역사와 문화를 거스르겠다는 급진적인 돌파구를 선호했다.

남부 독일 개혁가들이 아나뱁티스트 신자들과 유사한 관점을 갖고 있었다는 사실을 인정해야만 한다."(『스위스에서 독일어를 사용하는 사람들의 개혁 *Die Reformation in der Deutschen Schweiz*』, [Lipzig, 1928], 104). 월터 쾰러 (Walter Köhler)는 "결과는 신자들로 이루어진 자치 공동체가 세속적인 권위에 항복하는 모습으로 나타났다. 이러한 상황은 루터에게도 마찬가지였다"라고 『츠빙글리의 업적*Zwinglis Werke*』에서 언급하고 있다. (Lipzig, 1927) 4:29.

원래 비전을 포기했던 루터와 츠빙글리의 선택이 종교개혁의 비극적인 전환점이었다고 말해서는 안 되는 것일까? 가장 예리하고 공정한 분석으로 종교 개혁을 해석하는 학자 중 한 사람인 칼 뮐러Karl Müller 교수는 이 점을 긍정하며 다음과 같은 설명을 하였다.

> "초창기에 루터가 일목요연하게 주장하였던 루터 주의는 정부의 지배하에 발표된 루터 신조Luther Creed가 공표된 그 순간 모든 곳에서 사라지게 되었다."[25]

---

25) 칼 뮐러(Karl Müller), 『교회사 Kirchengeschichte』, 2:1, 476. 뮐러(Müller)는 아나뱁티스트 신자의 본질적인 목표를 다음과 같이 기술하고 있다: "모든 관계가 깨져 나가는 한가운데에서도 그 모든 것에 우선하여 매일의 삶이 성결케 되는 공동체가 존재한다는 것으로 충분했다. 동시에 그들 가운데 진정한 영성에 대한 표준이 제대로 자리를 잡게 되었고, 서민들 사회 속에 이러한 것이 굳건히 뿌리를 내리게 되었다." (『교회사 Kirchengeschichte』, 2:1, 330)

이는 루터의 미사 중심의 교회 개념이 시행되기 시작한 순간을 말하는 것이었다. 그 후로 루터는 사람들이 종교로 나아올 때 점점 더 무관심하고 아무렇지도 않게 되었고 도덕적인 사고방식은 통탄할 지경에 이르렀다고 말하면서 그가 시작한 종교개혁의 최종적인 결과를 놓고 적잖이 실망하였다고 토로했다. 인생 말년에 그가 부분적인 의식장애로 한층 더 비참한 생활을 하였으며, 낙담과 실의에 찬 인생을 살았다는 것은 너무나도 잘 알려져 있다. 외면적으로는 아주 성공적인 생애를 살았던 루터가 마지막에 느낀 패배와, 세상이 패배라고 부르는 그 무엇에 자기 목숨을 기꺼이 내놓으면서 끝까지 의식적으로 그들의 비전과 믿음을 지키려고 한 아나뱁티스트 신앙 순교자들의 가슴속에 살아 있던 승리의 느낌을 대조해 보라.

종교개혁의 배경 속에서 진정한 아나뱁티스트 신앙 운동을 정의하면서, 이제 우리는 이 운동의 중심에 놓인 가르침이 무엇인지 면밀히 살펴보려고 한다. 아나뱁티스트 신앙의 비전에는 꼭 강조되어야 할 세 가지 중요한 사항이 있다. 첫째는 제자도Discipleship로서 기독교의 본질을 이루는 새로운 개념이고, 둘째는 형제애Brotherhood로서 교회의 새로운 개념이며, 셋째는 사랑과 무저항의 새로운 윤리a new ethic of love and non-resistance다. 이제부터는 이 세 가지 사항에 대한 구체적인 설명이다.

제자도는 기독교의 본질을 이루는 새로운 개념으로서 아나뱁티스트 신앙의 비전에 가장 근본적이자 우선이 된다. 제자도는 각 신자의 삶 전체와 그가 속한 사회 전체에 획기적인 변화transformation가 일어나는 개념으로서, 그 결과 그리스도의 가르침과 모범을 따라 사는 모습으로 변화하는 것을 의미한다.26 아나뱁

---

26) 요하네스 쿤(Johannes Kühn)은 『관용과 계시 *Toleranz und Offenbarung*』(Leipzig, 1923) 224에서 다음과 같이 말하고 있다. "아나뱁티스트 신자에게 모든 것은 한 가지 중요한 사상에 기반을 두고 있었다. 그 중요한 사상은 종교적으로 아주 구체적인 것이었다. 그것은 거룩한 교제의 생활 안에서 그를 따르라는 예수

티스트 신자들은 삶 전체에 획기적인 변화가 일어나지 않고 단지 지적·교리적 신앙, 혹은 주관적인 '경험'의 문제로 개심, 거룩, 사랑을 만들어내는 기독교를 이해할 수 없었다. 이들은 내적인 경험의 외적인 표현을 요구했다. 회개는 새로운 행동으로 '분명히' 드러나야만 했다. '눈에 띄는 분명한 증거in evidence'라는 말은 초기 스위스 형제단이 그들 자신에 대해 설명해야 할 때 간증과 도전의 기조가 되었던 문구다. 아나뱁티스트 신앙 운동의 저술가들이 아주 즐거운 마음으로 강조하였던 용어는 언약이라는 단어로, 제자도의 언약에 있어서 삶 전체는 문자 그대로 그리스도의

의 명령이었다." 튀빙겐 대학(Tübingen)의 알프레드 헤글러(Alfred Hegler) 교수는 이 이상을 "양심의 자유, 국가가 만든 기독교의 모든 것을 거절함, 개인적인 거룩, 기독교 진리를 개인적으로 받아들임에 있어 생명력이 넘치는" 모습으로 기술하였다. 폴 번레(Paul Wernle) 교수는 "그들의 생명력 있는 특징은 개인을 위해서나 교회를 위해서 신약 교회가 요구하는 것을 실제적으로 성취한 신실함이었다"고 언급하였다. 이와 비슷한 또 다른 인용문이 존 홀쉬(J. Horsch)의 글에서도 발견된다. "복음적 아나뱁티스트 신자의 특징은 종교개혁 당시의 저술가들이 보고된 바와 같다"고 기록하고 있다. *MQR* (July 1934) 8:135.

주권 아래 놓여야만 했다.27

그리스도인의 삶의 중심은 루터가 강조했던 하나
님 은혜의 내면적 경험에 너무 집착하는 것이 아니라,
그 은혜가 필연적으로 인간의 모든 행위와 인간관계
에 기독교화Christianization된 분명한 모습으로 나타나야
하는 것이었다. 기독교인이 받는 참된 시험이 있다
면, 그것은 제자도이다. 아나뱁티스트 신자에게 가장
중요한 말은 많은 개혁가가 주장하는 '믿음'이 아니
라 '그리스도를 따라감following, Nachfolge Christi'이다. 따
라서 이들에게 있어서 세례는 그리스도인의 최고 상
징으로서 '하나님을 향한 선한 양심의 언약'베드로전
서 3:21이 되어야만 했고,28 그리스도께 순종하겠다는

---

27) 스위스와 남부 독일의 형제들 중 탁월한 저술가였던 필그람
   마펙(Pilgram Marpeck)이 그 좋은 예다. 웽거(J. C. Wenger)의 『필
   그람 마펙의 신학 The Theology of Pilgram Marpeck』, MQR (October
   1938)12:247을 보라.
28) 루터의 독일어 번역에 베드로전서 3:21의 세례는 '하나님 앞
   의 깨끗한 양심의 언약(Bund eines guten Gewissens mit Gott)' 이라
   고 번역되어 있다.

전적인 헌신의 맹세여야 했다. 따라서 세례는 그저 지나간 과거의 경험을 상징하는 것이 아니었다. 아나뱁티스트 신자들은 진정한 믿음을 소유했지만, 이들은 믿음을 삶과 생명의 열매를 맺는 데 사용하였다. 이들에게 신학은 하나의 수단과 방편일 뿐 결과나 목적이 아니었다.

아나뱁티스트 신자가 온전한 그리스도인의 제자도에 대한 이상을 선포했을 뿐만 아니라 현실 속에서 이를 성취한 것은 당시 사람들과 이들을 반대하는 사람들의 눈에도 평균을 훌쩍 뛰어넘는 엄청난 결과였다고 여러 자료가 증거하고 있다. 스위스와 남부 독일의 초기 개혁가들은 이러한 성취와 업적 및 놀라운 매력을 예의 주시했다. 츠빙글리는 이러한 점을 가장 잘 알고 있는 사람이었다. 그러나 불링거, 카피토Capito, 바디안Vadian을 비롯한 많은 사람은 아나뱁티스트 형제단the Anabaptist Brethren이 아주 이례적으로 순수하고, 헌신적이고, 효과적인 그리스도인이라는 츠빙글리의 판결을 확신하였다. 그러나 이 형제단이 개혁가들이 새로이 세우고 있는 국가교회 체계를 거부하고 전체 사회질서를 변화시킬 만한 '급진적인radical' 내용을 요구하게 되자, 종교개혁의 리더들은 아나뱁티스트 신앙 운동을 완전히 포기하고, 이 운동을 가장 악질의 위선자들이 벌이는 운동으로 믿도록 선포하였다. 일례로 불링거는 아나뱁티스트 신자를 '하나님의 교회를 파괴하는 악질 원수들'이라 불렀다.**29** 그러나 그들은 아나뱁티스트 신자들의 탁월한 생활을 인정할 수밖에 없었다. 또 다른 예로 츠빙글리의 마지막 책1527에는 스위스 형제단에 대한 다음과 같은 기록이 실려 있다.

"만약 여러분이 그들의 행동과 생활을 조사한다면, 처음부터 이 세상에 속하지 않은 흠잡을 데 없

---

29) 불링거(Bullinger), 『뻔뻔스런 난폭성에 대하여 V*on dem unvers-champten fräfel*』(1531), fol. 75r.

고, 신실하고, 겸손하고, 매력적이며, 긍정적인 것에 맞닿아 있음을 알게 될 것이다. 이들을 비판 하려고 하는 사람들조차도 이들의 삶이 너무나 훌 륭하다는 사실을 말할 수밖에 없을 것이다."[30]

아나뱁티스트 신자에게 비방을 서슴지 않았던 불 링거 자신도 다음과 같은 글을 남김으로써 초기 스위 스 형제단을 인정할 수밖에 없었다.

"목회자의 인도로 형제단과 연합하게 된 사람들 은 삶의 새로움, 회개와 다시 세례를 받음으로 아 나뱁티스트 신자들의 교회에 받아들여졌다. 이후 에 그들은 아나뱁티스트 신자들과 똑같은 영적인 모습으로 자기 삶을 내려놓았다. 그들은 탐욕, 교 만, 불경스런 언행, 음란한 대화 및 세상의 정결

---

30) 잭슨(S.M. Jackson), 『훌드리히 츠빙글리의 업적 Selected Works of Huldreich Zwingli』(Philadelphia, 1901) 127.

치 못한 것들, 술, 폭식 등을 공식적으로 비난하였
다. 간단히 말해, 그들의 위선은 아주 대단한 것이
었고 너무나도 분명한 것이었다."31

'이들이 마치 살아 있는 성자나 되는 것처럼 많은
사람이 이들의 뒤를 따라가는 것'을 슬퍼하는 불링거
의 모습1531은 그의 초기 저작에 수없이 반복된다. 세
인트 갈St. Gall의 개혁가였던 바디안Vadian은 "아나뱁
티스트 신앙 운동에 대해 호의적인 사람은 전혀 없었
지만 독실하고 존경할 만한 지배권을 가진 사람들이
좀 더 쉽게 이 운동에 말려들었다"32고 기록하고 있
다.

스트라스부르Strasbourg의 개혁가였던 카피토Capito
는 1527년 스위스 형제단에 대해 다음과 같은 글을

---

31) 불링거(Bullinger), 『아나뱁티스트 신앙의 기원 *Der Widertäufferen*
Ursprung』, fol. 15v.

32) 요아킴(Joachim von Watt), 『독일 역사 기술 *Deutsche Historische*
Schriften』, Ernst Götzinger 편집(St. Gall, 1879) 2 : 408.

남겼다.

"대부분의 아나뱁티스트 신자에 대해 솔직하게 고백하건대, 이들이 열정적이며 독실하고 거룩하며, 이 점에 있어서 불성실하다는 그 어떤 의혹도 나는 발견할 수 없다. 도대체 이 땅 위에서 무슨 유익이 있기에 추방, 고문, 말할 수 없는 육체의 형벌을 참아내도록 희망을 줄 수 있단 말인가! 그들은 이 세상의 것에 조금도 관심을 두지 않지만, 하나님으로부터 오는 뭔가가 있다는 것을 알고 있으며, 그러한 이들의 지혜를 내가 충분히 이해할 수 없음을 하나님 앞에 증거 할 수밖에 없다."[33]

1532년에 베른Bem 지방 의회에 보낸 편지에서 베른의 캔톤Canton 지역 설교가들은 "아나뱁티스트 신자

---

33) 코넬리우스(C. A. Cornelius), 『뮌스터 폭동의 역사 Geschichte des Münsterischen Aufruhrs』(Leipzig, 1860) 2:52.

들은 우리와 또 함께 그리스도를 고백하는 모든 교회보다 외적으로 훨씬 더 훌륭하고 신실하며, 우리 중에서 아주 쉽게 발견할 수 있는 더러운 죄를 짓지 않는 사람들이다"라는 사실을 인정하였다.**34**

스위스 아펜첼Appenzell의 개혁교회 연대기를 기록한 월터 크래러Walter Klarer는 "아나뱁티스트 신자 중 많은 사람은 처음에 우리와 함께 하나님의 말씀을 전했던 사람들이었다"**35**라고 기록하였다.

로마 가톨릭 신학자 프란츠 아그리콜라Franz Agri-cola는 1582년 『아나뱁티스트 신자의 끔찍한 실수들에 대하여Against the Terrible Errors of the Anabaptists』라는 책에서 다음과 같이 기술했다.

"현존하는 이단적 분파 중, 아나뱁티스트 신자보

---

34) 맥그로스린(W. J. McGlothlin), 『1532년까지 베른의 아나뱁티스트 신자들에 대하여 Die Berner Täufer bis 1532』(Berlin, 1902) 36.

35) 심러(J .J. Simler), 『신 · 구문서들 모음집 Sammlung alter und neuer Urkunden』(Zürich, 1757) 1 :824.

다 더 겸손하고 독실한 사람들은 찾아볼 수 없다. 분명하게 드러난 그들의 공적인 삶을 살펴볼 때, 그들은 전혀 결점이 없다. 거짓말을 하지 않으며, 속이지 않고, 맹세하지 않으며, 싸우지 않으며, 거친 말을 사용하지도 않으며, 무절제하게 음식을 먹거나 마시지도 않으며, 개인의 생활을 외부로 드러내지도 않는다. 이러한 것을 그들 중에서 찾아볼 수 없다. 그러나 거룩한 하나님의 성령께서 인도하시는 모습으로서 겸손, 인내, 정직, 청결, 절제, 단도직입적인 솔직함은 어디에서나 발견되고 있다."[36]

1585년 베른 의회가 스위스 형제단에게 공포한 명령은 도리어 개혁교회The Reformed Church의 교인과 설교가 가운데 공공연하게 나타났던 더러운 죄와 견해

---

36) 칼 렘버트(Karl Rembert), 『쥴리히 지역의 아나뱁티스트 신자들 *Die Wiedertäufer im Herzogtum Jülich*』(Berlin, 1899) 564.

들을 설명하는 격이 되었으며, 거기에는 다음과 같은
설명이 붙어있다.

> "이것이 마음속 깊은 곳에서부터 그리스도를 추구
> 하는 많은 사람, 즉 독실하고 하나님을 경외하는
> 사람들이 우리 교회를 거스르고 떠나 형제단으로 가
> 는 가장 큰 이유이다."[37]

아나뱁티스트 신자가 살았던 당시 특징을 가장 훌
륭하게 묘사한 글 중 하나는 1531년 세바스찬 프랑크
Sebastian Franck 라는 증인이 기록한 것이다. 그는 아나뱁
티스트 신앙 운동을 반대했지만, 객관적인 시각으로
일련의 사건에 공감하며 다음과 같은 글을 남겼다.

---

37) 에른스트 뮐러(Ernst Müller), 『베른 지역 아나뱁티스트 신앙의
   역사 *Geschichte der Bernischen Täufer*』(Frauenfeld, 1895) 88. 뮐러는
   '아나뱁티스트 신앙 운동의 본질(das Täuferwesen)'에 대하여
   언급할 때에 베른 지역의 사람들과 교회에 대한 하나님의 심
   판이라는 생각을 하면서 1585년의 위임통치를 기술하였다.(p.
   89)

"아나뱁티스트 신자들은… 곧 많은 추종자를 얻었으며, …하나님에 대한 열정을 갖고 있는 많은 신실한 영혼을 이끌어내었다. 이는 그들이 오직 사랑과 믿음과 십자가만 소유하고 있었기 때문이었다. 그들은 각자가 매우 겸손하였고 엄청난 고난 아래에서도 인내했다. 그들은 연합과 사랑의 증거와 더불어 서로 떡을 떼었다. 그들은 신실한 모습으로 서로를 도왔고 서로를 형제라 불렀다. …그들은 모든 박해를 인내와 겸손으로 받아들이며 순교자로서 죽어갔다."[38]

위와 같이 아나뱁티스트 신자들의 성취를 평가한 확증이 수많은 지역에서 많이 발견되었는데, 주로 이단으로 정죄를 받아 목숨의 위험을 감수해야 했던 그리스도인들이 살았던 지역이었다. 예를 들어, 캐스

---

38) 세바스찬 프랑크(Sebastian Franck)『연대기, 일기 및 주석 성경 Chronica, Zeytbuch und Geschychtbibet』folio 444v.

파 슈벤크펠트Caspar Schwenkfeld는 "진실하고 독실한 그리스도인의 삶을 사는 모든 다른 사람이 도처에서 아나뱁티스트라고 불린 것처럼, 나도 설교가와 다른 사람들에게 아나뱁티스트 신자가 되어간다는 비방을 받고 있다"[39]고 기록했다. 불링거도 다음과 같은 불평을 하였다.

> "… 실제로 아나뱁티스트 신자가 아니면서 세상의 음탕함과 천박함을 싫어하여 이를 드러내고자 했던 사람들이 자기를 아나뱁티스트 신자라고 표현함으로써 죄와 악을 꾸짖고자 했다. 이러한 사람들 때문에 아나뱁티스트 신자라는 이름이 잘못 사용되거나 결국 이들까지도 아나뱁티스트 신자로 불리기도 했다."[40]

---

39) 슈벤크펠트의 『서신서 Schwenckfeld's Epistolar』(1564) 1 :203

40) 불링거(Bullinger), 『아나뱁티스트 신앙의 기원 Der Widertäufferen Ursprung』(1561), fol. 170r.

아나뱁티스트 신자에 대한 자료를 한군데 모아놓은 가장 방대한 자료집『토이퍼 아크텐*Täufer-Akten*』이 출판되었는데, 여기에는 이러한 내용에 대해 아주 상세한 설명이 붙어 있다. 1562년에 뷔르템베르그Würtemberg, 바이브링겐Waiblingen의 캐스파 재커Caspar Zacher라는 사람이 아나뱁티스트 신자로 기소되었다. 그러나 그가 다른 사람들과 함께 잘 지내지 못하며, 샘을 내고, 종종 논쟁을 일삼을 뿐만 아니라 무기를 소지하고 상스러운 말과 저주의 말을 자주 쓰는 죄 많은 사람이었기 때문에, 법정이 그는 결코 아나뱁티스트 신자일 수 없다는 판결을 내렸다는 기록도 있다.[41] 한편 1570년 뷔르템베르그, 뵈링겐Vöhringen의 한스 자거 Hans Jäger라는 사람이 아나뱁티스트 신자라는 혐의로 법정에 세워졌는데, 이 사람의 죄목은 단지 그가 다른 사람을 욕하지 않고 너무나 흠 없는 삶을 산다는

---

41) 구스타브 보세르트(Gustav Bossert) 편집,『뷔템베르그 지역 아나뱁티스트 신앙 운동 역사의 시작 *Quellen zur Geschichte der Wiedertäufer, I. Band Herzogtum Würtemberg*』(Leipzig, 1930) 216ff.

것이었다.**42**

아나뱁티스트 신자의 비전을 이루는 두 번째 중요한 요소인 새로운 개념의 교회는 기독교에 적용된 새 생명이라는 중요한 원리를 따라 생겨났다. 참 회심과 거룩한 삶으로의 헌신에 근거한 자발적인 교회의 회원 됨과 제자도는 새로운 개념의 교회에 본질적이며 절대적인 핵심이었다. 이러한 비전은 법과 권력을 따라 출생부터 무덤까지 인구 전체가 강제로 회원이 되는 미사 중심의 교회 개념 및 중세적 사상을 그대로 담고 있는 종교개혁가들의 교회 개념을 정면으로 대치하는 것이었다.

아나뱁티스트 신자가 반대한 유아세례에 대해 좀 더 명확하게 설명해야만 한다는 주장은 바로 이 새로운 교회의 비전에서 비롯되었다. 유아세례를 반대하는 것이 국가교회에 대한 그들의 공식적인 주장은 아니었다. 그것은 단지 그들이 주장하는 하나의 상징에

42) 같은 책, 259ff.

불과했다. 어떻게 유아가 참된 기독교가 의미하는 바를 올바로 이해하고 헌신할 수 있단 말인가? 어쩌면 유아가 하나님의 은혜를 아주 수동적으로 경험할 수 있을 것이라 생각할지도 모르겠지만_{물론 아나뱁티스트 신자들은 이것까지도 의문에 두고 있다}, 실제 유아는 자기 삶을 그리스도께 드리는 데 아무런 반응을 할 수 없다. 이런 유아에게 세례를 주는 것은 단순히 의미가 없을 뿐만 아니라, 실제로 기독교의 본질과 교회의 회원 됨을 올바로 이해하는 데 심각한 걸림돌이 된다. 성인 세례만이 이성적인 삶의 헌신을 나타낼 수 있다.

신약 성경의 지고한 표준에 걸맞는 살아 있는 교회의 개념을 이야기할 때, 한 몸됨으로서 헌신적이며 실천적인 그리스도인이 선택해야 할 필연적인 모습은 세상과 교회가 분리되어야 한다는 고집, 즉 세상적 삶의 방식에 대한 그리스도인의 비순응주의다. 세상은 참된 기독교적 원리가 실행되는 것을 견디지 못하며, 교회는 구성원인 교회 회원 안에서 세상적인 방식이 실행되는 것을 견디지 못한다. 이런 이유로, 유일한 방법은 '분리Absounderung'이며, 교회는 그리스도의 법이 실행될 수 있고, 실행되어야만 하는 기독교 사회로서 참된 그리스도인의 모임을 지칭한다. 이 분리의 원리에 대하여 메노 시몬스Menno Simons는 "그리스도의 교회는 교리, 생활 및 예배에 있어서 세상과 분리된 사람들의 모임이며 이것이 복음적 성경 구절 전체가 우리에게 가르치는 교회의 모습"이라고 기록하였다.[43]

1528년 조핀겐Zofingen에서 큰 논쟁이 벌어졌는데, 스위스 형제단의 대표자들은 다음과 같이 말했다.

"참된 교회는 세상으로부터 분리되어 있으며 그리스도의 본질을 그대로 닮는 교회다. 만약 교회가

---

43) 『메노 시몬스의 저술 완결본 The Complete Writings of Menno Simons』(Scottdale, 1956) 679.

아직도 세상과 짝하는 모습이라면, 우리는 그것을

참된 교회로 인정할 수 없다."[44]

　어떤 의미에서 세상에 순응하지 않는다는 비순응
의 원리는 적극적인 제자도의 필요를 생각해볼 때 상
당히 부정적인 표현으로 들리겠지만, 이것은 아나뱁
티스트 신자들이 '세속the world'이라고 불렸던 당시
사회 질서와 기독교 공동체 간에 존재하는 경계선을
명확히 설정하려는 더 깊은 의미가 담긴 의견이었다.

　세상에 대한 비순응주의의 논리적 결과는 고난받
는 교회였다. 진지한 그리스도인의 삶을 살고자 하는
사람에게 세상과의 갈등은 피할 수 없는 것이었다.
아나뱁티스트 신자는 늘 반대에 부딪힐 것을 예상하
였고, 예수께서 "세상에서 너희가 환난을 당하나…"
라고 말씀하셨을 때, 그 말씀을 문자 그대로의 상황

---

44) 『조핑겐에서 일어난 논쟁에 대한 의사록 혹은 기록 *Handlung*
　　oder Acta der Disputation gehalten zu Zofingen』(Zürich, 1532)

으로 받아들였으며, "기뻐하라, 내가 세상을 이기었노라"하고 말씀하신 것 또한 문자 그대로 받아들였다.

1524년 콘라드 그레벨Conrad Grebel은 다음과 같은 글을 남겼다. "참된 그리스도인은 이리 가운데 있는 양이며, 도살에 처한 양이다. 그들은 괴로움 고통, 환난, 핍박, 고난, 죽음으로 세례를 받아야만 하며, 불로 시험을 받아야만 하며, 자기의 육체적인 원수를 죽이는 것이 아닌 영적인 원수를 극복함으로써 영원한 안식의 땅을 유업으로 받아야만 한다."[45]

스위스 바젤의 어니스트 스태헤린Ernest Staehelin 교수는 "최초의 원시 기독교 교회를 실행하고 이들의 생활을 따르는 데 신실했던 아나뱁티스트 신앙 운동은 그리스도 안에 있는 사람이야말로 새로운 창조 안에 있으며 이들은 반드시 세상의 반대에 직면하게 될

---

45) 뵈머 키른(Böhmer Kim), 앞의 책 인용, 97.

것임을 생생하게 보여주었다"[46]라고 말했다.

박해 때문에 아나뱁티스트 신자들이 세상과 교회 간의 갈등을 첨예하게 만들게 된 것처럼 보일 수도 있겠지만, 실제 이러한 박해는 그들이 기독교화된 유럽사회에서 반쪽짜리 그리스도인의 삶의 방식sub-Christian way을 받아들이지 않았기 때문에 일어난 것이었다. 그들은 적당히 순응하며 박해를 피하거나, 자기 믿음을 실천에 옮기는 것을 미루면서 좀 더 편리한 시대를 기다리거나, 혹은 데이빗 조리스David Joris가 했던 것처럼 거짓 깃발을 달고 순항의 길을 갈 수도 있었다. 그러나 그들은 신앙을 따라 살기로 결정하고 당시 세상의 질서에 항거하고, 결과에 따라 고통을 받는 불굴의 용기와 정직한 방법을 선택하였다.

아나뱁티스트 신앙이 추구하는 교회에 대한 기본 비전은 교회 구성원 간의 진실한 형제애와 사랑의 실

---

46) 홀쉬(Horsch), 앞의 책 인용, 386.

행에 대한 고집이다.**47** 이 비전은 단지 독실한 감성의 표현이 아니라, 다른 사람의 필요를 채우기 위해 실제로 소유를 나누는 것으로 이해되었다. 스위스 형제단으로서 1528년에 순교당한 한스 레오폴트Hans Leopold는 형제들에 대한 기록에서 "만약 그들이 궁핍한 사람을 알고 있다면, 그가 교회의 구성원이든 아니든 하나님의 사랑으로 그 사람을 돕는 것이 그들의 책임이라고 믿었다"**48**라고 말했다.

스위스 형제단으로서 1535년에 순교당한 하인리히 자일러Heinrich Seiler는 "그리스도인이 자기 재산을 갖는 것이 잘못은 아니지만, 여전히 그는 청지기에 불과하다"**49**고 했다.

---

47) 채커르트(P. Tschackert), 『루터교의 기원과 교회에 대한 개혁교회의 가르침 *Die Entstehung der Lutherischen und reformierten Kirchenlehre*』(Göttingen, 1910) 133에서 채커르트는 아나뱁티스트 신자를 언급할 때, "형제의 사랑을 실천하기 위해 기독교의 영성을 따르고자 애썼으며, 자발적인 기독교의 사귐을 이룩한 사람들"이라고 묘사했다.

48) 요하네스 쿤(Johannes Kühn), 앞의 책 인용, 231.

49) 른스트 뮐러(Ernst Müller), 앞의 책 인용, 44. 재산 공동체에 관심

초창기 후터라이트의 책 중, 스위스 형제단이 세례 후보자에게 던졌던 질문이 실려 있는데, "하나님과 그의 백성을 섬기는 데 자신들이 잠시 맡고 있는 모든 재산을 바칠 수 있는가?"[50]라는 질문이 들어 있다. 스트라스부르의 한 개신교 신자가 1557년 그 도시에서 열린 스위스 형제단의 세례식에 초대되었는데, 세례식에 임하는 모든 후보에게 "만약 필요하다면, 자기의 모든 재산을 형제들을 섬기는 일에 사용해도 좋은지, 그리고 만약 도움이 필요하다면 궁핍에 처한 지체를 돌보는 일을 저버리지 않을지"[51]에 대한 질문이 들어 있었다고 보고하였다.

형제단의 숙적이던 하인리히 불링거 Heinrich Bull-

이 있었던 다양한 아나뱁티스트 신앙 운동 그룹의 태도에 대해 기록하고 있는 에른스트 코렐(Ernst Correll), 앞의 책(15 ff.,)을 보라.

50) 홀쉬(Horsch), 앞의 책, 317.

51) 홀 쇼프(A. Hulshof), 『1525년부터 1557년까지 스트라스부르그의 아나뱁티스트 신자들의 역사 Geschiedenis van de Doopsgezinden te Straasburg van 1525 tot 1557』(Amsterdam, 1905) 216.

inger는 "그들은 모든 그리스도인이 궁핍에 처한 형제의 삶의 필요를 채워주기 위해 하나님의 사랑으로, 필요하다면 자기의 모든 재산을 사용하라고 가르치는 사람들"52이라고 기술하였다.

이런 온전한 형제애와 청지기 원리는 단순히 이론적으로 고려된 것이 아니라 실제로 실행되었다. 이것은 그 형태상 사유재산을 전적으로 부인하는 완전한 기독교 공산주의처럼 보였지만, 사유재산이야말로 기독교적 사랑의 가장 큰 적이라고 여겼기 때문에, 이러한 삶의 방식은 1528년 후터라이트 형제단Hutterian Brotherhood의 삶의 방식이 되었으며, 현재까지 유지되고 있다. 16세기와 17세기의 수많은 감동적인 이야기들 중 하나가 바로 이 그룹이 성공적으로 수행한 완전한 공동생활 방식에 관한 것이었다.53

---

52) 불링거, 『아나뱁티스트 신앙의 기원 *Der Widertäufferen Ursprung*』, fol. 129v.

53) 존 홀쉬(John Horsch), 『1528~1931년까지의 후터라이트 형제단 *The Hutterian Brethren 1528~1931*』(Goshen, 1931)이라는 책은 후터

아나뱁티스트 신자들의 비전을 이루는 세 번째 중요한 요소는 모든 인간관계에 적용해야하는 것으로서 무저항과 사랑의 윤리이다. 이것이 형제들에게 의미하는 바는 모든 무기, 투쟁, 폭력, 인간의 생명을 취하는 모든 방식을 완전히 포기하는 것이다.[54]

라이트 형제단에 기술한 책 중 가장 적절하게 정리된 영어서적이다. 이 책은 에라스무스(Erasmus), 멜랑크톤(Melanchthon), 츠빙글리(Zwingli)가 개인적으로 재산을 소유하는 것을 비난한 것에 대하여 언급했다는 점에서 매우 흥미롭다. 폴 번레(Paul Wernle) 교수의 『르네상스와 종교개혁 *Renaissance und Reformations*』(Tübingen, 1912), 54, 55의 글에 인용되어 있는 에라스무스와 멜랑크톤의 내용을 보라. 존 홀쉬, 『후터라이트 형제단 *Hutterian Brethren*』132의 주석 126번에 따르면 츠빙글리를 인용하면서 빌헬름 파우크(Wilhelm Pauck)는 마틴 부서가 갖고 있는 이상적인 국가의 모습은 기독교 공산주의의 모습이라고 기록하고 있다. 『기독교 국가에 대한 마틴 부서의 개념 *Martin Bucer's Conception of a Christian State*』, 『*Princeton Theological Review*』(January 1928) 26:88.

54) 아나뱁티스트 신자 모두가 무저항주의자는 아니다. 예를 들어, 발타자르 후브마이어(Balthasar Hubmaier)는 1526~1528년 사이에 모라비아(Moravia)의 니콜스버그(Nikolsburg)에 있던 한 아나뱁티스트 신자 그룹에게 투르크 족을 상대로 한 전쟁을 위해 세금을 거두고 무력을 행사해도 좋다는 데 동의했었다. 아나뱁티스트 신앙의 역사 속에서 곧바로 사라져버린 이 그룹은 검을 지닌 사람들이라는 의미를 가진 '슈버틀러(Schw-

1524년 스위스 형제단의 리더였던 콘라드 그레벨 Conrad Grebel은 "사람의 목숨을 빼앗는 것은 그의 삶을 완전히 없애는 것이며, 우리는 더 이상 예전의 언약 하에 있지 않기 때문에, 진실한 그리스도인은 세속적 인 검을 사용하지 않으며, 전쟁에 참여하지도 않는 다. … 복음과 또 복음을 받아들인 사람은 검으로 보

---

ertler)'로 불렸으며, 평화를 사랑하는 다른 모라비아 지역의 아 나뱁티스트 신자들인 '스태블러 (Stäbler)'들과 완전히 다른 행 보를 걷게 되었다. 스태블러는 '지팡이를 지닌 사람들'이라 는 뜻을 갖고 있으며, 후에 후터라이트 (Hutterites)가 되어 현재 에 이르고 있다. 이들 '슈버틀러'는 원래의 독창적인 아나뱁 티스트 신앙 운동에서 잠시 탈선했던 사람들의 표본이 되고 있다. 이를 근거로 불링거(『뻔뻔스런 난폭성에 대하여 *Von dem unerschampten fräfel*』, fol. 139v.)는 스위스 형제단이 전쟁에 참여 하려는 "악한 결과를 쉽게 상상할 수 있을"만 했다는 증언과 함께, 『아나뱁티스트 신앙의 기원 *Der Widertäufferen Ursprung*』 (fol. 16r.)에서는 "그러므로 그들은 전쟁에 참여하지 않았고 이 점에 있어서는 정부에 복종하지 않았으며 그들 스스로 방어 하지 않았다"고 말했다. 이 점에 대해서는 좀 더 광범위한 설 명인 존 홀쉬의 소책자 『메노나이트 교회가 고수하고 있는 무 저항의 원칙 – 역사적 개관 *The Principle of Nonresistence as Held by the Mennonite Church, A Historical Survey*』(Scottdale, 1927) 60쪽을 보 라.

호를 받지도, 자기를 보호하지도 않는다"[55]라고 말했다.

1544년에 남부 독일의 리더였던 필그람 마펙Pilgram Marpeck은 마태복음 5장에 대해 다음과 같이 말했다.

"모든 육체와 세상과 세속과 땅위에 속한 싸움, 분쟁, 전쟁은 그리스도의 사랑의 법으로 폐지되고 취소되었다. … 그리고 그리스도께서 친히 그의 제자들에게 자신을 따르도록 요청하셨다."[56]

후터라이트의 리더였던 피터 리드만Peter Riedemann은 1545년에 다음과 같은 글을 남겼다.

---

55) Bähmer-Kim의 『뮌처에게 보낸 그레벨의 편지 Letter of Grebel to Müntzer』 97 인용.

56) 필그람 마펙, 『성경주석 Testamenterläuterung』(n.d., n.p., ca 1544), fol. 313.r

"평화의 왕이신 그리스도께서 자신의 나라, 즉 그
의 교회를 세우셨는데, 이는 그의 피로 사신 것이
다. 이 나라에서 모든 세속적인 전쟁은 끝이 났다.
그러므로 그리스도인은 전쟁에 참여해서는 안 되
며 보복을 위해 칼을 지녀서도 안 된다."[57]

네델란드의 메노 시몬스는 거듭남에 대한 교리를
상술하면서 다음과 같은 기록을 남겼다.

"새로이 개심한 사람들은… 자신의 칼을 쳐서 보
습을 만들고 창을 쳐서 낫을 만들 것이며, 더 이상
전쟁을 알지 못하는 평화의 자녀들이다. … 창과
칼은 사람의 피나 돼지의 피를 같은 것으로 여기는

---

57) 피터 리드만(Peter Riedmann), 『후터라이트라 불리는 형제단
에 의한 종교, 교육 및 신앙에 대한 보고서 *Rechenschaft unserer
Rligion, Lehre und Glaubens, von den Brüdern die man die Hutterischen
nennt*』(Berne, Indiana, 1902) 105.

70 · 아나뱁티스트 신앙의 비전

사람들에게나 소용되는 것이다."**58**

처음 아나뱁티스트 신앙 운동이 시작된 시점부터 지난 세기까지 형제단과 그들의 후손이 철저하게 시행해온 무저항과 성경적 평화주의의 원리 안에서 볼 때,**59** 아나뱁티스트 신자의 독창적인 평화주의는 약 125년이 넘는 퀘이커의 역사보다 그 시기에서 몇 백년이나 앞선 것이다. 또한 가톨릭과 개신교 교회가 국가 정책의 도구로 전쟁을 적극 찬성할 뿐만 아니라 종교 분쟁 시에 사용했던 것과는 달리 아나뱁티스트 신자들은 평화주의 원리를 고수하고 있었다는 사실을 기억해야만 한다. 물론 피터 첼시키Peter Chelcicky와

---

58) 『메노 시몬스의 저술 완결본 *The Complete Writings of Menno Simons*』, 94, 198.

59) 네덜란드, 독일, 프랑스, 스위스의 메노나이트들은 19세기로 접어들면서 점차적으로 무저항을 포기하게 되었다. 러시아와 북미로 이주한 메노나이트들은 이 입장을 지속적으로 유지하였다. 미국의 메노나이트들은 제2차 세계대전 때에 양심적 병역거부자들의 40퍼센트를 차지하였으며, 캐나다의 메노나이트들은 이보다 훨씬 높은 퍼센트를 차지한 것으로 드러났다.

같은 초기의 예언자들이 평화주의와 비슷한 관점을 가졌던 것은 사실이지만, 그들은 이 평화주의 원칙을 지속하지도 실행에 옮기지도 못하였다.

지금까지 아나뱁티스트 신자의 비전이 무엇인지 검토해 보는 동안, 이 비전에 두 가지 중요한 관점이 있음을 발견했을 것이다. 첫 번째 관점은 기독교의 순수한 본질에 관한 것이다. 기독교는 본질적으로 어떻게 이루어지는가? 성례적·성직주의적 제도로마 가톨릭주의를 통해 신적 은혜를 받아들임으로써 이루어지는가? 아니면 그리스도를 믿는 믿음을 통해루터주의 하나님의 은혜를 경험하는 내적 체험의 기쁨을 강조하는 것인가? 아니면 제자도를 통한 삶 전체의 획기적인 변화아나뱁티스트 신앙 운동로 이루어지는가? 아나뱁티스트 신자는 모든 무게중심을 일상생활 속에서 그리스도를 따르는 것에 두고 있기 때문에, 제도주의자나 신비주의자가 아니며 경건주의자도 아니다. 아나뱁티스트 신자에게 하나님의 원리에 근거한 새로운 삶을 창조해내지 못하면서 진정한 그리스도인이 된다는 것은 결코 생각할 수 없는 일이다. 하나님의 원리는 그리스도인의 길에 헌신하고자 하는 모든 사람에게 적용되는 새로운 창조의 원리이기 때문이다.

두 번째 관점은 교회에 관한 것이다. 아나뱁티스트 신자에게 교회는 제도가톨릭도, 하나님의 말씀을 선포하기 위한 하나님의 도구루터주의도, 개인적 경건을 위한 방법으로서의 그룹경건주의도 아니다. 이들에게 교회는 그리스도인의 이상적인 생활이 충만하게 표현된 것으로서 사랑의 형제 됨이다.

아나뱁티스트 신앙의 비전은 종교개혁 당시에 존재했던 가톨릭, 칼빈주의, 루터주의, 아나뱁티스트 신앙 운동이라는 네 개의 기독교 그룹이 갖고 있던 사회윤리학을 서로 비교함으로써 좀 더 분명하게 평가되어야 할 것이다. 가톨릭과 칼빈주의는 세상에 대해 매우 낙천적이며, 온 세상이 구속될 것이라는 데

동의하고 있다. 이들은 비록 목적을 성취하기 위해 서로 다른 방법을 사용하고 있기는 하지만, 전체 사회질서가 하나님의 주권 아래 기독교화될 수 있다는 신념을 갖고 있다. 루터주의자와 아나뱁티스트 신자들은 이 세상에 대해 매우 비관적인 관점을 갖고 있으며, 전체 사회질서가 기독교화될 가능성은 없다고 생각한다. 그러나 사회질서에 대한 이 두 그룹의 결과론적 태도는 정반대 입장을 보인다. 루터주의자는 기독교인이 죄 많은 세상의 질서를 따라 살기 때문에, 어쩔 수 없이 타협하면서 살아야 한다고 한다. 따라서 시민으로서의 기독교인은 전쟁과 같은 세상의 악에 참여하는 것을 피할 수 없다. 기독교인이 의지할 수 있는 것은 오직 하나님의 은혜로 인한 용서를 구하는 것이기 때문이다. 기독교인이 자기 인생을 진실로 기독교화할 수 있는 영역은 자신의 개인적인 체험 영역 안에서만 가능하다. 그러나 아나뱁티스트 신자는 이러한 관점을 철저히 거부한다. 악을 용납하지 않고 타협하지 않기 때문에, 그리스도인은 그리스도의 가르침, 그리스도의 영, 사도들의 가르침에 반대되는 현존 사회적 질서에는 상황이 어떠하든지 동참하지 않는다. 결과적으로 아나뱁티스트 신자는 세속적인 체계로부터 물러나 교회 형제들과의 교제 안에서 새로운 기독교 사회질서를 창조해야만 한다. 개인적인 회심과 세상에서 나와 교회로 들어감을 통해 이루어지는 이러한 기독교 질서의 확장만이 사회질서를 기독교화 할 수 있는 진보적인 길이라고 믿는다.

그러나 아나뱁티스트 신자들은 현실주의자다. 긴 미래를 전망해볼 때, 아나뱁티스트 신자들은 그들의 높은 이상, 즉 인류 전체가 그러한 형제애로 들어가는 이상에 대한 가능성이 매우 적을 것으로 본다. 그래서 아나뱁티스트 신자는 교회와 세상 사이의 고통스럽고 지난한 갈등을 재촉해 왔다. 아나뱁티스트 신자는 교회가 세상을 통치하게 될 때를 기대하지도 않는다. 교회는 항상 고난의 교회였기 때문이다. 아나뱁티스트 신자는 그리스도의 제자가 되려는 사람은 자기 자신을 부인하고, 매일 자기의 십자가를 지고 그리스도를 따라야 하며, 생명의 좁은 길, 협착한 길로 들어가는 사람이 적다는 예수의 말씀에 동의한다. 만약 이러한 기대가 너무나 비관적이고 낙담스럽게 보인다고 하면, 아나뱁티스트 신자는 기독교 형제애 안에 있는 생명이야말로 만족할 만한 사랑과 즐거움으로 가득 차 있다고 대답할 것이다.

이 아나뱁티스트 신앙의 비전이 인간 사회를 재조직하기 위한 구체적인 청사진은 아니다. 하지만 예수께서 의도하셨던 하나님 나라가 지금 여기 이 땅 위에서 건설되어야만 하는 것이며 이것이 형제들이 믿고 시행하고자 의도하던 것이기도 했다. 어떤 사람들은 예수께서 말씀하신 산상수훈이나 여러 곳에서 제시하신 예수의 비전을 두고 하늘에서나 실현될 비전이라고 말하지만, 우리는 아나뱁티스트 신자로서 그들이 말하는 바를 믿지 않는다. 이 비전은 마지막 끝

날 때까지 그리스도의 제자들이 긴장 속에서 지켜야 할 비전이다. 우리는 그리스도의 은혜 덕분에 그가 친히 걸으셨던 발자취를 따라갈 수 있다고 믿으며, 그리스도께서 가르치신 바를 실행해 나가야 할 것이다.